Die Welt und ihre Kontinente

Kennst du dich aus auf unserer Welt? Schreibe die Namen der Kontinente auf die schwarzen Striche. Die durcheinandergeschüttelten Silben helfen dir dabei. Streiche die durch, die du schon gebraucht hast.

A, AFRI, AME, AME, ANT, ARK, ASI, AUS, EN, EN, EN, EU, KA, KA, KA, LI, NI, NORD, OZE, PA, RI, RI, RO, SÜD, TIS, TRA

LÖSUNG:

NORD–AME RI KA
EU RO PA
ASI EN
SÜD–AME RI KA
AFRI KA
AUS TRA LI EN
OZE A NI EN
ANT ARK TIS

SCHULWEG

Kinder in der ganzen Welt machen sich morgens auf den Weg zur Schule – auf ganz unterschiedliche Art und Weise. Trage ein, wie sie zur Schule unterwegs sind, und finde die Lösungswörter.

Du gehst vielleicht 

	7		

,

fährst mit dem

			1			

, 

wirst mit dem

		5	

oder mit dem

	3		13	11			

 gebracht.

Aber in zahlreichen Ländern der Erde haben Kinder einen viel weiteren und weniger einfachen Weg zur Schule. Sie klettern auf steilen und schmalen

		6		2	

durchs Gebirge,

müssen über wackelige

4			14	15	

– 

Brücken gehen, manche fahren mit einem

9			

, 

genannt Einbaum, gefährliche Urwaldflüsse entlang und einige reiten sogar auf einem

	8			12

.

Alle Kinder haben ein:

1	2	3	4	5

6	7	8

	I					
9	10	11	12	13	14	15

Lösung:

Du gehst vielleicht ZU FUSS (U = 7),

fährst mit dem FAHRRAD (R = 1),

wirst mit dem AUTO (T = 5)

oder mit dem SCHULBUS (C = 3, U = 13, L = 11) gebracht.

Aber in zahlreichen Ländern der Erde haben Kinder einen viel weiteren und weniger einfachen Weg zur Schule. Sie klettern auf steilen und schmalen PFADEN (A = 6, E = 2) durchs Gebirge,

müssen über wackelige HAENGE- (H = 4, N = 14, G = 15)

Brücken gehen, manche fahren mit einem BOOT (B = 9)

genannt Einbaum, gefährliche Urwaldflüsse entlang und einige reiten sogar auf einem PFERD (F = 8, D = 12).

Alle Kinder haben ein:

R	E	C	H	T		A	U	F		B	I	L	D	U	N	G
1	2	3	4	5		6	7	8		9	10	11	12	13	14	15

Rund-um-die-Welt-Info

Das Recht, zur Schule zu gehen und etwas zu lernen, gilt gemäß der UN-Kinderrechtskonvention überall auf der Welt für alle Kinder. Leider ist die Situation in vielen Ländern, Gesellschaften und Familien so, dass Kinder gar nicht, nicht regelmäßig oder zu kurz in die Schule gehen. Einige müssen arbeiten, zumindest zeitweise. Vielen Familien ist die Schule zu teuer. Andere Eltern glauben, Mädchen müssten nichts lernen. Egal, aus welchem Grund: Jedem Mädchen und jedem Jungen, die nicht lernen dürfen, geschieht großes Unrecht.

Das Quiz der geografischen Weltrekorde

Löse die Quizfragen. Wenn du alles richtig beantwortest, ergibt sich ein Lösungswort.

1. Wie heißt der höchste Berg der Erde?

1. Mount Everest (A)
2. Zugspitze (E)
3. Kampenwand (G)

2. Welcher ist der längste Fluss der Erde?

1. Elbe (O)
2. Rhone (U)
3. Nil (S)

3. Wie heißt der größte Ozean der Erde?

1. Mittelmeer (R)
2. Pazifik (I)
3. Atlantik (A)

4. Welcher ist der tiefste See der Erde?

1. Wannsee (O)
2. Baikalsee (E)
3. Bodensee (S)

5. Welche ist die größte Insel der Erde?

1. Grönland (N)
2. Rügen (T)
3. Hawaii (I)

LÖSUNG: _ _ _ _ _ ist der größte Kontinent der Erde.

LÖSUNG: ASIEN ist der größte Kontinent der Erde.

»Hallo« in sieben Sprachen

Welche Begrüßung findest du in welchem Wörterbuch? Liegst du richtig, ergibt sich ein Lösungswort!

INFO:

Was glaubst du, welche Sprache von den meisten Menschen auf der Welt als Muttersprache gesprochen wird?

Nr. 1 ist Mandarin (Chinesisch): Mehr als 1 Milliarde Menschen sprechen es. Danach folgen Spanisch, Englisch, Hindi und Arabisch. Wenn du also eine dieser Sprachen lernst, kannst du dich mit ganz schön vielen Menschen auf der Welt unterhalten!

Lösung:

Hello (S) ((Big Ben))
Hola (P) ((Fächer))
Salut (R) ((Croissant))
Konnichiwa (A) ((Pagode))
Namasté (C) ((Elefant))
Merhaba (H) ((Moschee))
Ciao (E) ((Eis))

Englisch (1)
Spanisch (2)
Französisch (3)
Japanisch (4)
Indisch (5)
Türkisch (6)
Italienisch (7)

S P R A C H E verbindet.

Fantastische Unterwasserwelt

In das untere Bild vom Great Barrier Reef vor Australien haben sich 10 Fehler eingeschlichen. Kreise sie ein.

LÖSUNG:

Rund-um-die-Welt-Info

Das Great Barrier Reef vor der Nordostküste Australiens besteht aus über 2900 einzelnen Korallenriffen und zählt zu den 7 Weltwundern der Natur. Es ist allerdings durch Klimaerwärmung, Umweltverschmutzung und Tourismus stark gefährdet. Klimaschutzmaßnahmen überall auf der Welt – also auch alles, was du tust! – helfen diesem einmaligen, gefährdeten Lebensraum fortzubestehen.

Flaggenrätsel Europa

Welches Kind kommt woher und welche Flagge gehört zu dem jeweiligen Land? Kombiniere logisch, und du findest es heraus.

- Anna kommt nicht aus Finnland.
- In Finnlands Flagge kommt kein Rot vor.
- Idas Land hat keine quer gestreifte Flagge.
- Das Kind aus Österreich fängt nicht mit A an.
- Daria spricht nicht Finnisch.
- Das Kind aus Italien hat eine dreifarbige Heimatflagge.

Name			
Land			
Flagge			

LÖSUNG:

Name	Anna	Ida	Daria
Land	Italien	Finnland	Österreich
Flagge			

Rund-um-die-Welt-Info

Flaggen haben eine sehr lange Tradition. Seit etwa dem späten 15. Jahrhundert wurden Flaggen auf See gehisst, damit man erkennen konnte, zu welcher Nation das jeweilige Schiff gehörte. Daraus entwickelten sich die heutigen Nationalflaggen.

Neugieriger Besuch

Welches Tier guckt hier bei Elena aus Griechenland zum Fenster rein?
Verbinde die Zahlen, dann findest du es heraus!

Lösung: ESEL

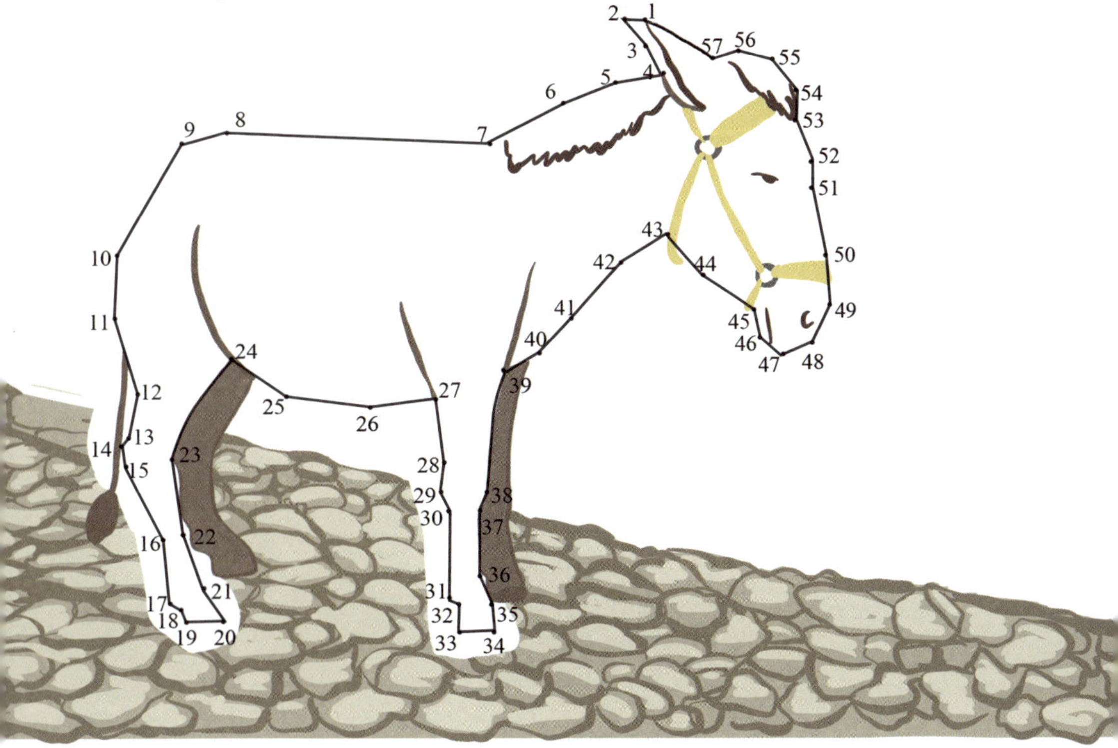

Rund-um-die-Welt-Info

In Griechenland und in vielen anderen sehr warmen Ländern im Süden Europas haben die Kinder längere Sommerferien als du, weil es viel zu heiß zum Lernen wäre. Herbstferien haben sie dafür aber keine.

Masken aus Afrika

In der afrikanischen Kultur bedeuten Masken traditionell oft Schutz gegen böse Kräfte und Krankheiten. Sieh doch, jede Maske sieht etwas anders aus, oder findest du doch zwei gleiche? Schau genau!

LÖSUNG:

SPORT RUND UM DIE WELT

Auch wenn viele Sportarten überall auf der Welt ausgeübt werden, sind sie oft typisch für ein bestimmtes Land.
Findest du heraus, welcher Sport zu welchem Land gehört? Suche im Silbensalat und ordne zu.

JAPAN:
Eine Kampfsportart __ __

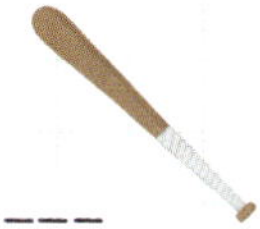

USA:
Schlagballspiel mit zwei Mannschaften ____ ____

SCHOTTLAND:
Jahrhundertealte Wurfsportart ____ _____ ___ ___

AUSTRALIEN:
Wurfsportart, die auf die Aborigines zurückgeht __ __ ____ ___ ___

NIEDERLANDE:
Traditionell ausgeübt auf zugefrorenen Grachten ___ _______ ____

FRANKREICH:
Eine Kunst der Fortbewegung – oft in Städten ___ ____

HAWAII:
Wellenreiten ___ ___

KOREA:
Kampfsportart, bei der Fußtechnik sehr wichtig ist ____ ___ __

INDIEN:
Sehr beliebtes Schlagballspiel ___ ____

BALL BASE BAUM BU CKET KRI DO DO EIS FEN FEN FEN GE HEIT JU KOUR LAUF ME PAR RANG SCHNELL STAMM SUND SUR TAEK WER WER WON

Drei Silben sind übrig geblieben. Zusammengesetzt sagen sie dir, wofür Sport wichtig ist: _ _ _ _ _ _ _ _ _ _ _

LÖSUNG:

Japan: JUDO

USA: BASEBALL

Schottland: BAUMSTAMMWERFEN

Australien: BUMERANGWERFEN

Niederlande: EISSCHNELLLAUF

Frankreich: PARKOUR

Hawaii: SURFEN

Korea: TAEKWONDO

Indien: KRICKET

Lösungswort: GESUNDHEIT

Schnell zum Strandkorb

Thijs, Lynn und ihre anderen Freunde aus den Niederlanden machen Urlaub an der Nordsee. Bis eben haben sie gemeinsam am Strand getobt, aber jetzt haben sie sich gestritten, und jeder will zu seiner Familie, ohne den Weg des anderen zu kreuzen.
Wie können sie gehen?

LÖSUNG:

Pizza, Sushi, Döner Kebap & Co.

Menschen aus aller Welt, die hier leben, haben ihre Landesspezialitäten mitgebracht, sodass wir zwischen vielen internationalen Gerichten auswählen können. Aber welches Gericht kommt ursprünglich woher?

TIPP: Die Flaggen helfen dir.

Ö = OE, Ü = UE

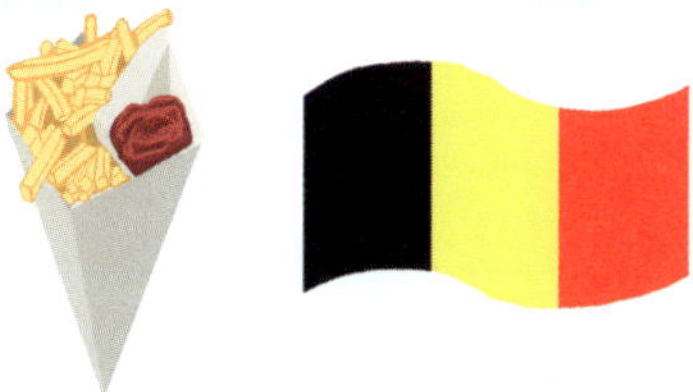

Womit essen viele Asiaten? Mit

LÖSUNG:

USA

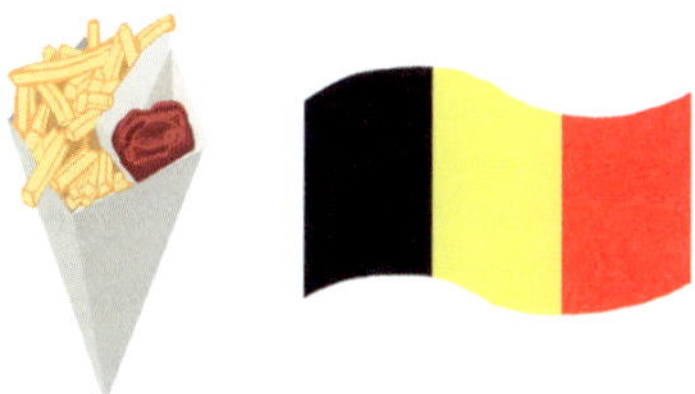

BELGIEN

TUERKEI

ITALIEN

OESTERREICH

JAPAN

Womit essen viele Asiaten? Mit STAEBCHEN

Weltkindertag

Puzzle die Kinder aus aller Welt in der richtigen Reihenfolge zusammen und sammle Buchstaben für den Lösungssatz!

LÖSUNG:

▶ WIR KINDER

HABEN

RECHTE

Rund-um-die-Welt-Info

WELTKINDERTAG

In fast 150 Ländern der Welt gibt es einen Tag im Jahr, an dem Kinderschutzorganisationen speziell die Einhaltung der Kinderrechte einfordern. Denn leider gibt es viele Staaten, in denen die Bedürfnisse von Kindern nicht ausreichend berücksichtigt und ihre Rechte verletzt werden. Viele müssen arbeiten, es mangelt an Schutz vor Gewalt, an ärztlicher Versorgung, an Bildung und an vielem mehr.

Die Pyramiden von Gizeh

In Ägypten findet sich unweit der Hauptstadt Kairo mit den Pyramiden und der Sphinx von Gizeh eines der Weltwunder der Antike aus dem dritten Jahrtausend vor Christus. Sammle die Buchstaben auf dem richtigen Weg durchs Labyrinth und finde heraus, wozu die Pyramiden dienten.

Lösung:

H F
L R
H Ü S N
X K O V N T E
Z P T G I I C W
A S Q G J M O Ü
Y W I N E N X L N N H
S R A O L G R A Q Q U
P H A V V I Y T E B V I T
Z U I O X
Y E Q P M W
H C B M
P R S W I W

Überall ist es anders

Beantwortest du alle Fragen richtig, erhältst du eine alte Redewendung.

1) Was tun die Bewohner der portugiesischen Stadt Porto zur Sommersonnenwende?

a) Sie hängen rote Bänder aus den Fenstern. (UN)

b) Sie hauen sich mit Spielzeug-Plastikhämmern auf den Kopf. (EN)

c) Sie ziehen die Schuhe verkehrt herum an. (AN)

2) Was backen Briten in den Geburtstagskuchen ein?

a) Geld oder Schmuckstück (DERE)

b) So viele Murmeln, wie das Geburtstagskind alt wird (TERE)

c) So viele Kirschkerne wie möglich – bringt Glück! (SAGE)

3) Worüber springen in der Provinz Burgos in Spanien Männer in Teufelskostümen zum Schutz vor Unglück und Krankheit?

a) über Babys (SI)

b) über Geburtstagskinder jeden Alters (HÜ)

c) über den Küchentisch der Familie (PU)

4) Schneller als was wollen bis zu 5000 Männer und Frauen einen Hügel im Südwesten Englands herunterkommen?

a) ein 8-jähriges Kind (NGEN)

b) ein Bobby-Car (TZEN)

c) ein Laib Käse (TTEN)

LÖSUNG: ANDERE LÄNDER,

__ ____ __ ____

LÖSUNG:

Lösung: 1c, 2a, 3a, 4c

LÖSUNG: ANDERE LÄNDER, ANDERE SITTEN

ICH KOMME AUS …

Die Kinder aus Lasses Klasse stellen in diesem Schuljahr den anderen das Land vor, aus dem ihre Familien ursprünglich stammen. Wer erzählt wovon? Verbinde immer eine runde und eine eckige Sprechblase mit Linien.

Meine Familie stammt aus Schweden.

Meine Familie kommt aus Griechenland.

Das ist ein östliches Nachbarland von Deutschland.

Wir kommen aus Albanien.

Wir haben früher in Paris in Frankreich gewohnt.

Wir begrüßen uns mit »Kalimera«.

Die Erfinderin von Pipi Langstrumpf kommt auch daher.

Meine Mutter kommt aus Irland.

Das ist eine Insel mit zwei Ländern.

Dort steht der Eiffelturm.

Meine Eltern sind in Polen groß geworden.

Die Hauptstadt dort heißt Tirana.

LÖSUNG:

Meine Familie stammt aus Schweden.
Meine Familie kommt aus Griechenland.
Das ist ein östliches Nachbarland von Deutschland.
Wir kommen aus Albanien.
Wir haben früher in Paris in Frankreich gewohnt.
Wir begrüßen uns mit »Kalimera«.
Die Erfinderin von Pipi Langstrumpf kommt auch daher.
Das ist eine Insel mit zwei Ländern.
Meine Mutter kommt aus Irland.
Dort steht der Eiffelturm.
Meine Eltern sind in Polen groß geworden.
Die Hauptstadt dort heißt Tirana.

Matroschkas aus Russland

Kennst du die russischen Puppen in der Puppe? Sortiere die verschiedenen Matroschkas der Größe nach von groß nach klein, dann erfährst du die Namen von vier Städten im größten Land der Erde.

Lösung:

JAKUTSK

SANKT PETERSBURG

WLADIWOSTOK

MOSKAU

9er-Länderpäckchen

Wenn du die Buchstaben in der richtigen Reihenfolge liest, ergibt sich ein Land. Beginne beim farbigen Buchstaben.

E	T	A
M	G	U
A	L	A

In diesem Land lebt der wunderschöne Vogel Quetzal, und so heißt auch das Geld hier.

Hier heißen die Butterbrote Smörrebröd.

A	R	D
M	K	A
E	N	E

R	O	J
D	N	E
A	N	I

Dieses Wüstenland grenzt an das Rote und das Tote Meer.

Hier wird Portugiesisch gesprochen und es gibt einen Berg namens Zuckerhut.

A	S	N
R	I	E
B	L	I

L	U	N
G	B	E
A	R	I

In diesem Land auf der Balkanhalbinsel schüttelt man den Kopf für Ja und nickt für Nein.

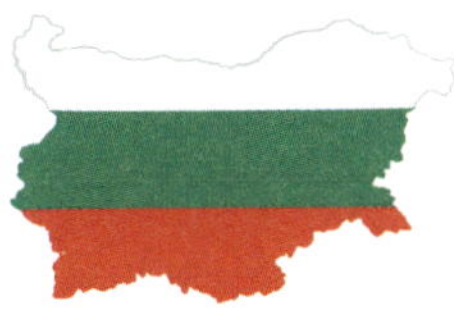

Ein kleiner Inselstaat, den viele Touristen wegen seiner Traumstrände besuchen.

N	E	V
E	D	I
L	A	M

LÖSUNG:

In diesem Land lebt der wunderschöne Vogel Quetzal, und so heißt auch das Geld hier.	**GUATEMALA**
Hier heißen die Butterbrote Smörrebröd.	**DAENEMARK**
Dieses Wüstenland grenzt an das Rote und das Tote Meer.	**JORDANIEN**
Hier wird Portugiesisch gesprochen und es gibt einen Berg namens Zuckerhut.	**BRASILIEN**
In diesem Land auf der Balkanhalbinsel schüttelt man den Kopf für Ja und nickt für Nein.	**BULGARIEN**
Ein kleiner Inselstaat, den viele Touristen wegen seiner Traumstrände besuchen.	**MALEDIVEN**

NAMI

Nami ist ein Mädchen aus Eritrea, einem der ärmsten Länder der Welt. Zur Schule gehen zu können, ist dort nicht selbstverständlich. Und die Schulen sehen auch ganz anders aus als bei dir. Zum Beispiel gehen viel mehr Kinder in eine Klasse. Löse das Rechenrätsel und finde heraus, wie viele Kinder in Namis Klasse sind.

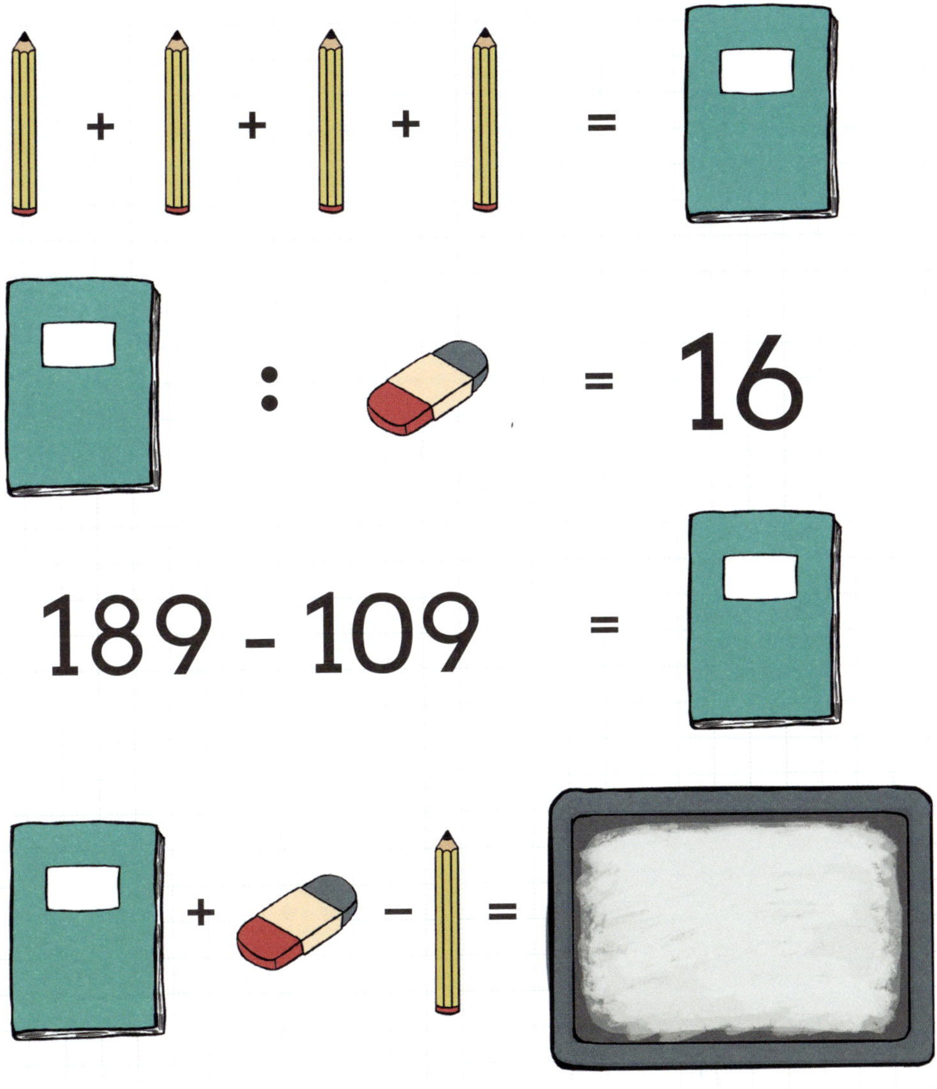

LÖSUNG:

$$80 + 5 - 20 =$$

KARNEVAL

Diese drei Kinder feiern Karneval – an ganz unterschiedlichen Orten der Welt. Kannst du lesen, wer wo feiert?

LÖSUNG:

Wahrzeichen

Liisa wohnt in Finnland. Ihre Tante hat ihr von ihren Reisen Postkarten aus aller Welt geschickt. Verbinde mit einem Lineal, genau von Punkt zu Punkt, Sehenswürdigkeit und Flagge des Landes. Dann sammle von oben nach unten, von links nach rechts, Zeile für Zeile die Buchstaben, die nicht durchgestrichen sind. Wohin möchte Liisa reisen, um ihren Brieffreund zu besuchen?

LÖSUNG: SIE WILL NACH PAKISTAN

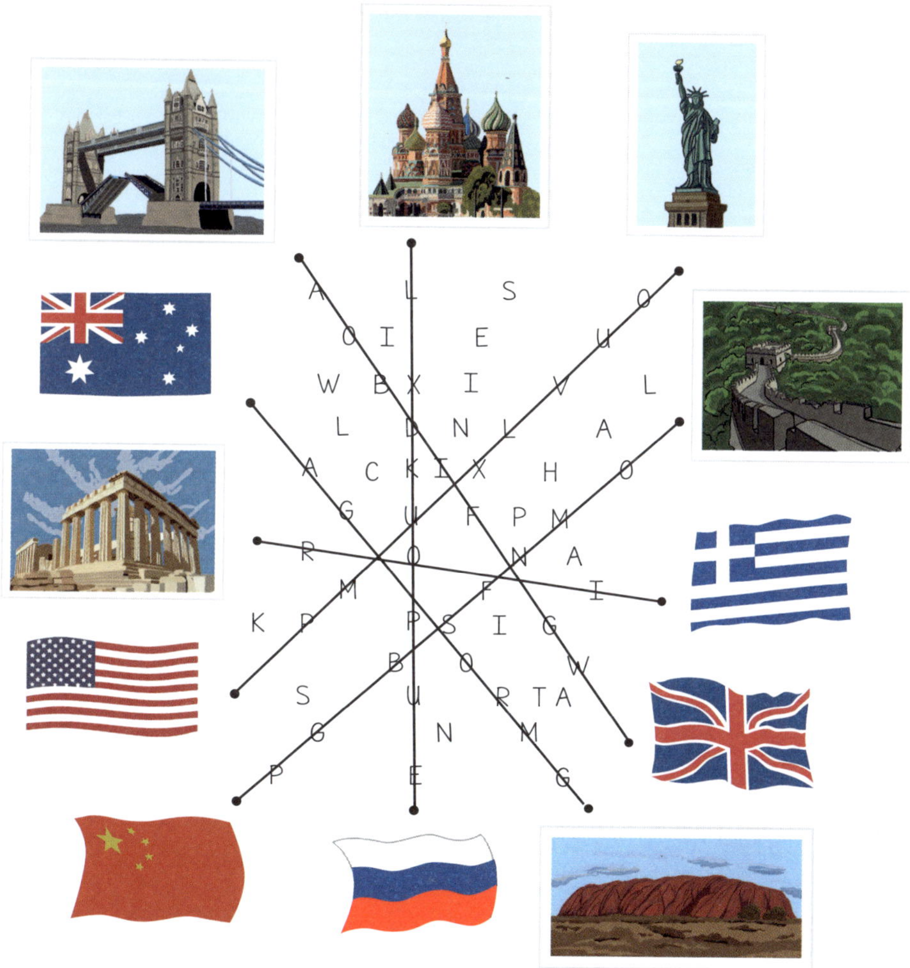

Rund um die Welt aktiv

Frag deine Lehrer oder deine Eltern, ob sie dir eine Brieffreundschaft zu einem Kind in einem fernen Land vermitteln können, wenn du Interesse an so einem Austausch hast. Such nicht selbst nach so einem Kontakt, sondern lass dir von einem erfahrenen Erwachsenen helfen.

Kreuzworträtsel: Hauptstädte

Schau genau! Entdeckst du die 12 europäischen Hauptstädte, die sich hier versteckt haben?

C	J	K	L	K	G	P	R	A	G	I	A
U	R	E	F	O	T	E	Ü	S	T	G	T
L	O	L	U	P	J	O	L	E	M	P	H
S	M	O	B	E	R	L	I	N	A	M	E
T	P	N	I	N	A	E	V	T	D	O	N
P	E	D	Z	H	S	O	B	I	R	E	B
A	R	O	K	A	I	S	M	E	I	P	T
R	P	N	P	G	P	L	A	I	D	U	S
I	Ö	S	U	E	L	O	V	B	E	R	K
S	W	I	E	N	S	U	N	N	T	I	L
O	Ö	T	R	E	B	R	Ü	S	S	E	L
I	B	U	D	A	P	E	S	T	A	B	O

Lösung:

C	J	K	L	K	G	P	R	A	G	I	A
U	R	E	F	O	T	E	Ü	S	T	G	T
L	O	L	U	P	J	O	L	E	M	P	H
S	M	O	B	E	R	L	I	N	A	M	E
T	P	N	I	N	A	E	V	T	D	O	N
P	E	D	Z	H	S	O	B	I	R	E	B
A	R	O	K	A	I	S	M	E	I	P	T
R	P	N	P	G	P	L	A	I	D	U	S
I	Ö	S	U	E	L	O	V	B	E	R	K
S	W	I	E	N	S	U	N	N	T	I	L
O	Ö	T	R	E	B	R	Ü	S	S	E	L
I	B	U	D	A	P	E	S	T	A	B	O

Rechnen rund um die Welt

Nina aus Berlin hat Postkarten aus Grönland, Ägypten und den Niederlanden geschickt bekommen. Sie selbst möchte, wenn sie groß ist, in die Mongolei reisen. Darum will sie wissen, wie weit es bis zur mongolischen Hauptstadt Ulan Bator ist. Löse alle Zahlenmauern und trage die Zahlen in den farbig markierten Feldern unten ein. Der obere Stein enthält immer die Summe der zwei unteren.

Nuka aus Grönland

Noyan aus der Mongolei

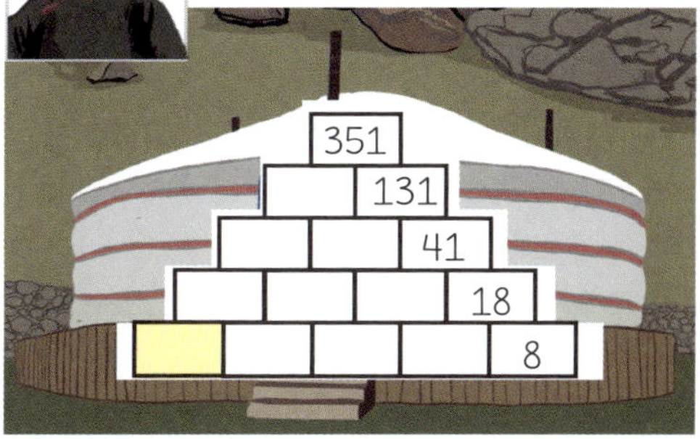

Yanis aus Ägypten

Lieke aus den Niederlanden

Berlin → Nuuk, Grönland
3818 km

Berlin → Kairo, Ägypten
2891 km

Berlin → Amsterdam, Niederlande
577 km

Berlin → Ulan Bator, Mongolei
[ ][ ][ ][ ] km

LÖSUNG:

Nuka aus Grönland

Noyan aus der Mongolei

Yanis aus Ägypten

Lieke aus den
Niederlanden

Berlin → Nuk, Grönland
3818 km

Berlin → Kairo, Ägypten
2891 km

Berlin → Amsterdam, Niederlande
577 km

Berlin → Ulan Bator, Mongolei
6 1 9 0 km

Längen- und Breitengrade

Die Erde wird oft mit einem Gitternetz aus Längen- und Breitengraden dargestellt. So kann man jeden Ort bezeichnen. Ein ähnliches System nutzen Mimi und Ida, um sich verschlüsselte Botschaften zu schicken. Bekommst du heraus, wann und an welchem ihrer Treffpunkte sie sich heute verabredet haben? Verbinde die Punkte im Gitternetz in der angegebenen Reihenfolge auf dem Zettel.

A2-A3
B2-B3; C2-C3; A3-C3
A5-C5; C5-C6; A6-C6
A7-C7; B7-B8; A8-C8
A9-C9; A9-A10; A10-B10; B9-B10; B9-C10
D2-F2; D2-D3; E2-E3; F2-F3; D3-F3
D4-F4; D4-D5; E4-E5; D5-F5
D6-F6; F6-F7; D7-F7
D8-F8; D8-F9; F9-D10; D10-F10

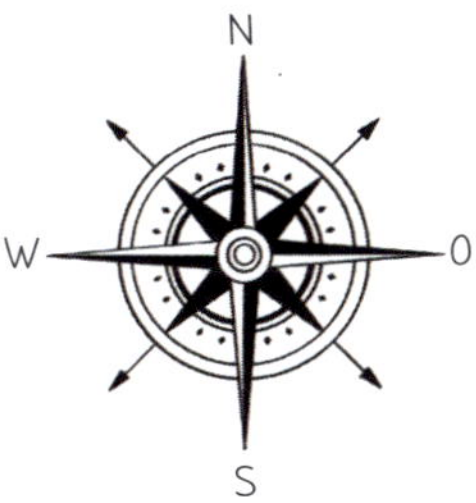

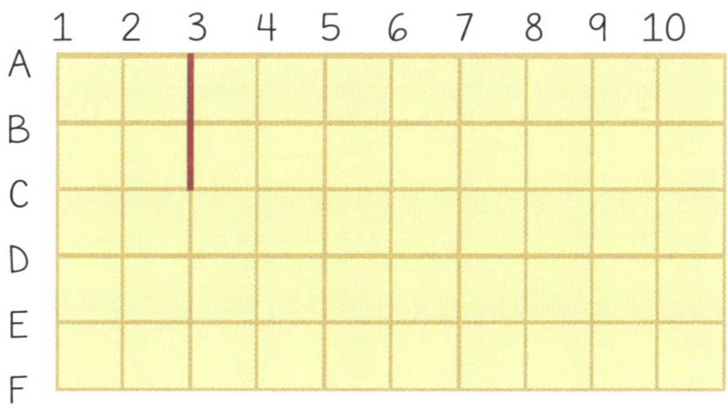

TIPP: Mimi hat schon angefangen, die Botschaft ins Gitternetz einzutragen. (A3–C3)

LÖSUNG:

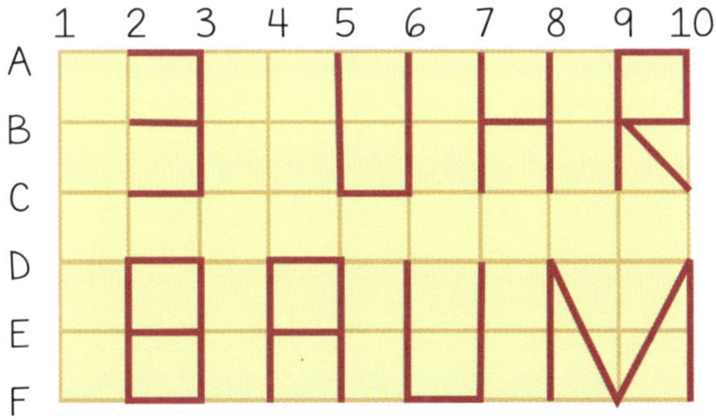

HANAMI

Kirschblütenfest in Japan! Findest du die 10 Unterschiede im zweiten Bild?

LÖSUNG:

Rund-um-die-Welt-Info

In Japan feiern Familien, Freunde und Arbeitskollegen die etwa zehn Tage dauernde Kirschblüte mit Picknicks unter den blühenden Bäumen.

DA STIMMT WAS NICHT

Manche Kinder der Welt leben in der Wüste, manche in Gebirgen, manche am Meer und andere an Flüssen. In jede Gruppe hat sich ein Name eingeschmuggelt, der nicht dazupasst Kreuze ihn an.

- [ ] HIMALAJA
- [ ] ALPEN
- [ ] PYRAMIDEN
- [ ] ROCKY MOUNTAINS

- [ ] SCHWARZES MEER
- [ ] ÄRMELKANAL
- [ ] GELBES MEER
- [ ] GÜRTELMEER

- [ ] KALAHARI
- [ ] GOBI
- [ ] SAHARA
- [ ] BOTSWANA

- [ ] AMAZONAS
- [ ] JANGTSEKIANG
- [ ] GALAPAGOS
- [ ] NIL

LÖSUNG:

1. Pyramiden sind keine Gebirge, sondern von Menschen errichtete Bauwerke.

2. Das Gürtelmeer gibt es nicht.

3. Botswana ist ein afrikanisches Land.

4. Die Galapagos-Inseln sind eine Inselgruppe, die zu dem süd-amerikanischen Land Ecuador gehört.

Spiele, aus aller Welt

Alle Kinder auf der Welt spielen gerne. Löse den Rebus 1 und du erfährst, welches Spiel ägyptische Kinder gerne spielen. Rebus 2 nennt den Namen eines Spiels aus der Demokratischen Republik Kongo.

1.

~~1~~ ~~5~~

1=D

10

~~3~~

1=ST

2.

1=M

~~123~~

4=M

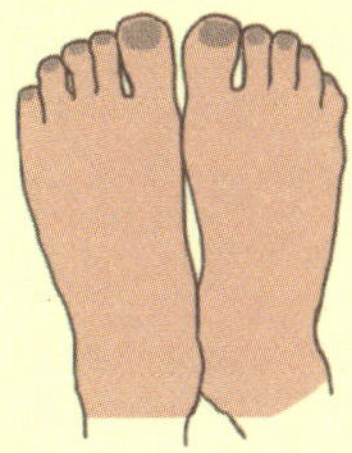

+ N

8

~~4~~

LÖSUNG:

1. FANG DEN STOCK
2. MACH MEINE FÜSSE NACH

Rund um die Welt aktiv:

Fang den Stock

Die Anzahl der Kinder ist beliebig. Jeder Spieler hat einen ca. 1,50 Meter langen Stock. Die Spieler stellen sich im Kreis auf, sodass jeder ca. 2,50 Meter Abstand vom nächsten hat. Der Stock wird senkrecht gehalten, ein Ende auf dem Boden. Wenn der Spielleiter »Wechsel!« ruft, lässt jeder seinen Stock los, rennt zum Nachbarn und versucht, dessen Stock zu fassen, bevor er auf dem Boden liegt. Wer es nicht schafft, scheidet aus. Sieger ist der letzte, der übrig bleibt.

Mach meine Füße nach

6 bis 10 Kinder bilden einen Kreis. Es wird ein Spielleiter und ein Vortänzer bestimmt. Der Vortänzer steht als Einziger in der Kreismitte. Der Spielleiter beginnt, einen Rhythmus zu klatschen, die anderen klatschen mit. Der Vortänzer stellt sich vor den Spielleiter und macht einige zum Rhythmus passende Tanzschritte. Der Spielleiter muss sie nachmachen. Gelingt es ihm, wird er Vortänzer und jemand anderes Spielleiter. So geht's weiter, bis alle mal dran waren.

RELIGIONEN

Ahlam ist Muslima, Jona ist Jude und Mitsuko ist Christin. Die drei gehen in dieselbe Klasse der Astrid-Lindgren-Schule. Wie die Eltern von Ahlam, Jona und Mitsuko gehören die Familien vieler Kinder einer dieser drei Weltreligionen an. Löse das Kreuzworträtsel auf dieser Seite und finde heraus, welche Stadt für alle drei hier vorgestellten Religionen heilig ist.

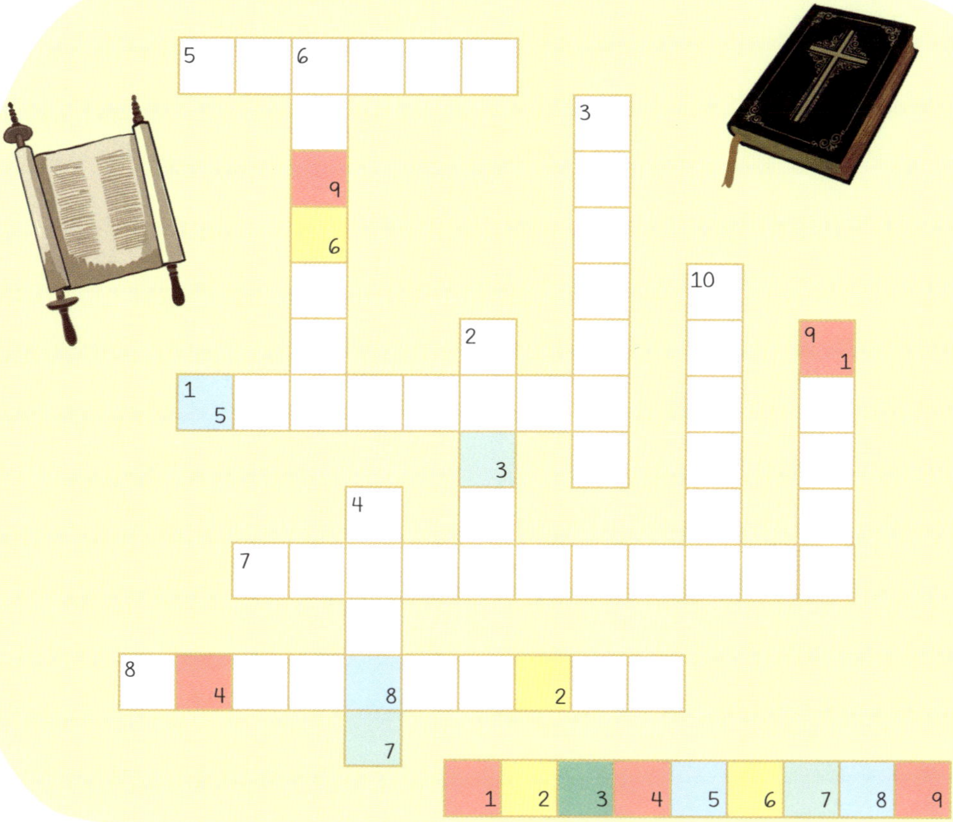

1. Jüdisches Gotteshaus
2. Heilige Schrift des Islam
3. Islamisches Gotteshaus
4. Heilige Schrift der Christen
5. Christliches Gotteshaus
6. Islamischer Fastenmonat
7. Christliches Fest der Geburt Jesu
8. Fest am Ende des islamischen Fastenmonats
9. Die Tora ist die Heilige Schrift der ...
10. Jüdischer Ruhetag von Freitag- bis Samstagabend

Lösung:

KIRCHE
RAMADA
MOSCHEE
SABBAT
KORAN
JUDEN
SYNAGOGE
BIBEL
WEIHNACHTEN
ZUCKERFEST
JERUSALEM

Nussknacker,

Im Erzgebirge werden traditionell solche besonderen Nussknacker gefertigt. Findest du die beiden Nussknacker, die genau gleich aussehen?

LÖSUNG:

Beeindruckend!

Taj Mahal in Indien, Chichén Itzá in Mexiko, die Chinesische Mauer, Cristo Redentor in Brasilien, das Kolosseum in Italien, Machu Picchu in Peru, die Felsenstadt Petra in Jordanien. Was sind sie? Löse den Rebus, dann weißt du es.

Lösung:

DIE NEUEN SIEBEN WELTWUNDER

Chichén Itzá in Mexiko

Kolosseum in Italien

Taj Mahal in Indien

Cristo Redentor in Brasilien

Chinesische Mauer

Machu Picchu in Peru

Felsenstadt Petra in Jordanien

Rund-um-die-Welt-Info

Spricht man von den »siebenWeltwundern« kann Unterschiedliches gemeint sein. Es gibt neben den »sieben neuen Weltwundern« auch noch die »sieben Wunder der modernen Welt«, die »Weltwunder der Natur« und die »sieben Weltwunder der Antike«. Forsche nach, welche Wunder hier beschrieben sind! Kennst du schon einige davon?

WOLKENKRATZER

In drei Städten in ganz verschiedenen Teilen der Welt werden heute Nacht Hochhäuser mit Lichtkunst angestrahlt. Folge jeweils dem Labyrinth, sammle die Buchstaben ein und schreibe die Namen der berühmten Wolkenkratzer auf. Fange unten links an

Lösung:

EMPIRE STATE NEW YORK

BURJ KHALIFA DUBAI

SHANGHAI TOWER

TIERWELT

Asien, Afrika, Australien, Nordamerika und Südamerika – auf welchem Kontinent sind diese Tiere ursprünglich heimisch? Ziehe Verbindungslinien.

LÖSUNG:

HOHE BERGE

Die Buchstaben der höchsten Berge rund um die Welt sind hier leider immer ein paar Stellen im Alphabet verrutscht. Kein Problem für dich, oder? Gehe immer im Alphabet so weit nach links oder rechts, wie der Pfeil zeigt.

Welt und Asien (8848 Meter):

JLRKQ BSBOBPQ →3 ____ ______

Afrika (5895 Meter):

PNGT (PNQNRFSIXHMFWT) ←5 ____ (______________)

Antarktis (4897 Meter):

EGMFL NAFKGF →8 _____ ______

Eurasien (5643 Meter):

GNDTWU ←2 _____

Europa (EU) (4810 Meter):

SUTZ HRGTI ←6 ____ ____

Nordamerika (6190 Meter):

NOXKVS ←10 __ __ __

Ozeanien/Australien (4884 Meter):

QVODBL KBZB ←1 ___ ___ __ __

Südamerika (6961 Meter):

FHTSHFLZF ←5 _________

A B C D E F G H I J K L M N O P Q R S T U V W X Y Z

LÖSUNG:

Welt und Asien (8848 Meter):
Mount Everest

Afrika (5895 Meter):
Kibo (Kilimandscharo)

Antarktis (4897 Meter):
Mount Vinson

Eurasien (5643 Meter):
Elbrus

Europa (EU) (4810 Meter):
Mont Blanc

Nordamerika (6190 Meter):
Denali

Ozeanien/Australien (4884 Meter):
Puncak Jaya

Südamerika (6961 Meter):
Aconcagua

Rund-um-die-Welt-Info

Kennst du auch die höchsten Berge in Deutschland, Österreich und der Schweiz? In Deutschland ist es die Zugspitze mit 2962 Metern, sie liegt im Wettersteingebirge. Deutlich höher ist der Großglockner in Österreich mit 3798 Metern, und sogar noch höher ist die Dufourspitze in der Schweiz mit 4634 Metern.

Kreuzworträtsel zu Nordamerika

Beantworte die Fragen zu den USA und finde mit dem Lösungswort heraus, wie der Regierungs- und Wohnsitz des Präsidenten heißt.

Ö = OE, Ü = UE

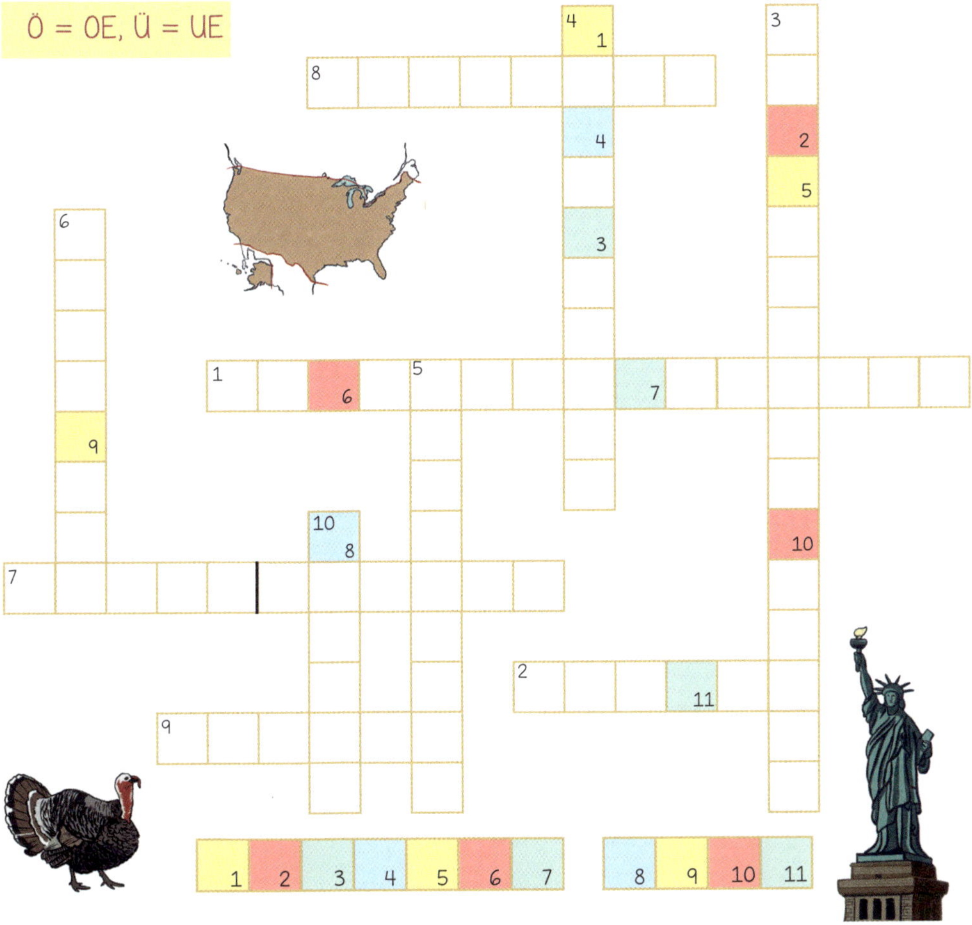

1. Welches UNESCO-Weltkulturerbe begrüßt im Hafen von New York die Einreisenden?
2. Nördlicher Bundesstaat der USA
3. Höchste Baumart der Welt im Bundesstaat Kalifornien
4. Haupstadt der USA
5. Amerikanisches Zentrum der Filmindustrie in Los Angeles
6. Amerikanische Ureinwohner
7. Name der berühmten Schlucht, die der Colorado in Arizona durch rotes Gestein gegraben hat
8. Traditionelles Familienessen am wichtigsten nationalen Feiertag Thanksgiving
9. An welches Land grenzen die USA im Süden?
10. Welche Inselgruppe liegt ca. 3700 km von den USA entfernt und ist doch ein US-Bundesstaat?

LÖSUNG:

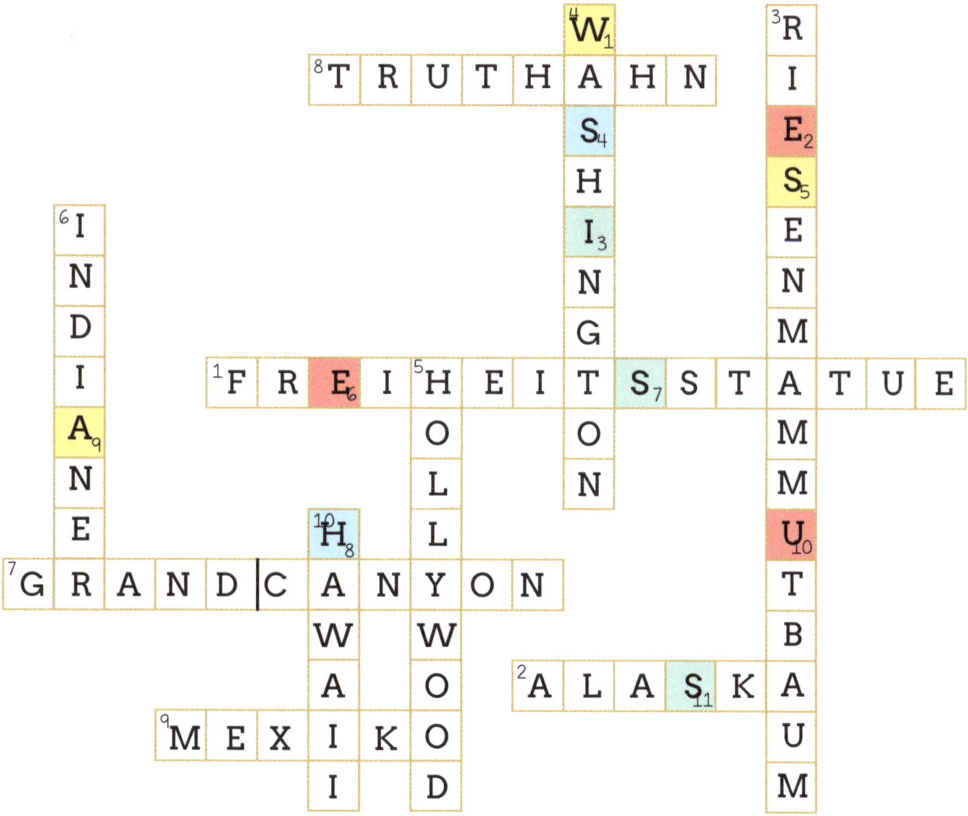

WEISSES HAUS

Uhrzeit

Nancy in Sydney in Australien liegt schon im Bett und hat einen Gute-nachtkuss von ihrem Papa bekommen. Dort ist es nämlich schon 20.30 Uhr. Wie viel Uhr ist es dann bei Jim aus New York in den USA? Finde die Uhrzeit, die nur einmal auf den Uhren auftaucht, dann weißt du es.

LÖSUNG:

Es ist 6:30 Uhr.

Rund-um-die-Welt-Info

Warum ist irgendwo auf der Erde Tag und anderswo Nacht? Das liegt daran, dass sich die Erde um sich selbst dreht. Dabei wird die Hälfte der Erdkugel, die gerade zur Sonne zeigt, von der Sonne beschienen, dort ist Tag. Die Länder auf der anderen Seite der Erdkugel liegen dann im Schatten, dort ist Nacht.

Verrückte-Feste-Quiz

Beantworte alle Fragen richtig, dann erfährst du das Lösungswort

1) Wie heißt das ursprünglich indische Fest, bei dem man sich mit buntem Farbpulver bewirft?

a) Hoodie (HA)

b) Holi (FE)

c) Holly (RO)

2) In Russland, der Ukraine und Weißrussland wird das Ende des Winters durch ein lautes Fest eingeläutet. Was wird dabei verbrannt?

a) eine Vogelscheuche (ST)

b) Kleidungsstücke (AP)

c) die restlichen Holzvorräte des Winters (GE)

3) Die Iren feiern wie verrückt den Saint Patrick's Day. Kleidung, Perücken und sogar das Bier haben an diesem Tag eine einzige Farbe. Welche?

a) Blau (AN)

b) Orange (LU)

c) Grün (TA)

4) Wie heißen die mit Süßigkeiten gefüllten Pappmaschee-Figuren, die Kinder in Südamerika an ihrem Geburtstagsfest mit Stöcken zerschlagen?

a) Pasata (KI)

b) Piñata (GE)

c) Pomata (FO)

Lösung: _ _ _ _ _ _ _ _

LÖSUNG:

Lösung: 1b, 2a, 3c, 4b

LÖSUNGSWORT: FESTTAGE

Malen nach Zahlen

Male die Felder jeweils mit der durch die Zahl angegebenen Farbe an.

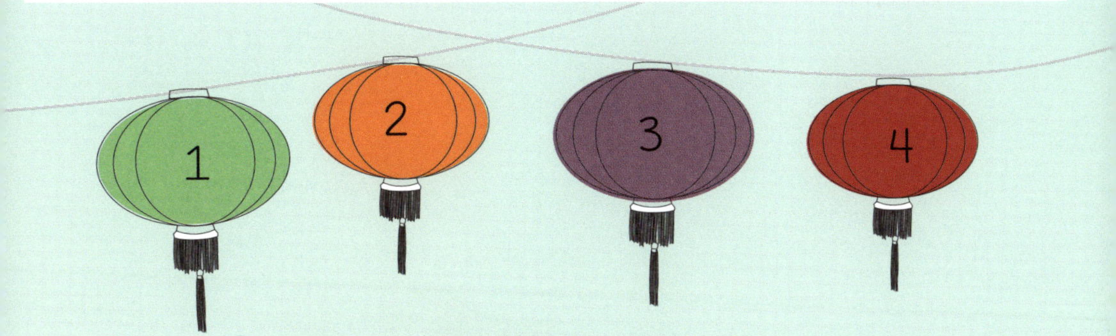

LÖSUNG:

Wilde Tiere

Kennst du diese Tierarten? Trage ihre Namen in den Rätselkamm ein, dann weißt du, wo sie wohnen.

LÖSUNG:

1

3

2

1. GO**R**ILLA
2. PAPAG**E**I
3. JA**G**UAR
4. CHAMÄL**E**ON
5. SCHLA**N**GE
6. SCH**W**ARZER PANTHER
7. F**A**ULTIER
8. KO**L**IBRI
9. KROKO**D**IL

4

5

8

7

9

6

Die Weltmeere

Wie fit bist du im Thema Ozeane? Ordne die Silben der Ozeane den richtigen Stellen zu und beantworte das kleine Ozeanquiz.

AN AT DI FIK IN LAN LAR MEER NORD OZE PA PO SCHER TIK ZI

___ ___ ___ ___

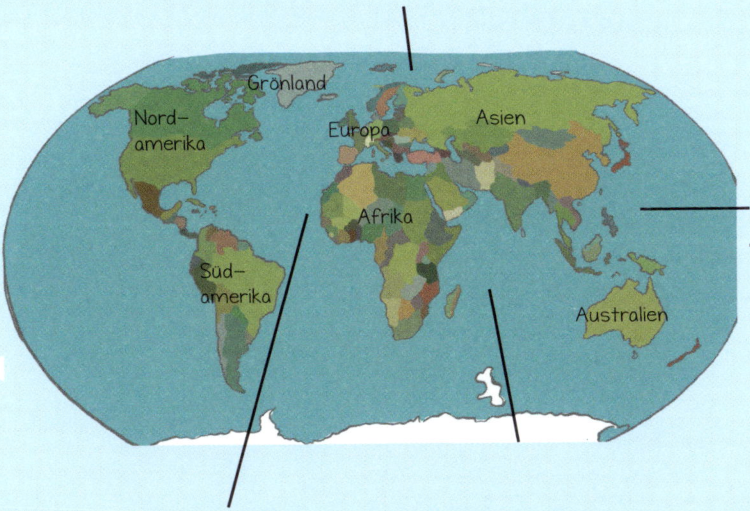

___ ___ ___

___ ___ ___ ___ ___

___ ___ ___

1) Zu welchem der Ozeane gehört die Karibik?
a) Pazifik b) Atlantik c) Indischer Ozean

2) Welches ist der größte Ozean? ______________________

3) Der tiefste Punkt aller Ozeane liegt im Pazifik. Er heißt
a) Golfstrom b) Marianengraben c) Titanicgraben

LÖSUNG:

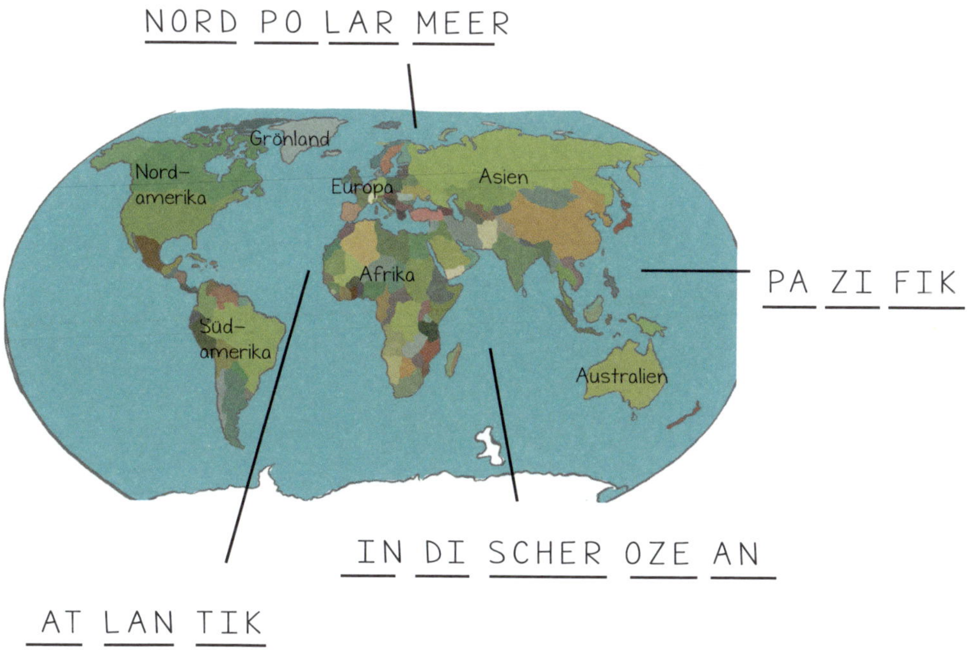

1b, 2: Pazifik, 3b

Malen nach Zahlen

In Mexiko wird an Allerheilgen das Fest der Toten gefeiert. Dabei wird farbenfroh in Liebe und Respekt der Verstorbenen gedacht. Dazu gehören auch kunterbunte Schädel und Skelette, die es sogar als Süßigkeiten beim Bäcker gibt.

Male die Felder in den jeweils vorgegebenen Farben an.

LÖSUNG:

Punkterätsel

Welches Tier dient auch heute noch als treuer Begleiter der Wüstenbewohner? Verbinde die Zahlen in der richtigen Reihenfolge, dann weißt du es.

LÖSUNG: Kamel